INSTITUT DE FRANCE

ACADÉMIE DES SCIENCES MORALES ET POLITIQUES

# RAPPORT SUR LE CONCOURS

POUR LE

# PRIX ODILON BARROT

A DÉCERNER EN 1912

PAR

Jacques FLACH

PARIS

ALPHONSE PICARD ET FILS, ÉDITEURS

82, RUE BONAPARTE, 82

1912

*EXTRAIT DU COMPTE RENDU*

De l'Académie des Sciences Morales et Politiques

(INSTITUT DE FRANCE)

Par M. Henry VERGÉ

*Sous la direction de M. le Secrétaire perpétuel de l'Académie*

**1912. — Deuxième semestre.**

*Juillet. — 7ᵉ livraison.*

RAPPORT SUR LE CONCOURS

POUR LE

# PRIX ODILON BARROT

*EXTRAIT DU COMPTE RENDU*

De l'Académie des Sciences Morales et Politiques

(INSTITUT DE FRANCE)

PAR M. HENRY VERGÉ

*Sous la direction de M. le Secrétaire perpétuel de l'Académie*

**1912. — Deuxième semestre.**

*Juillet. — 7ᵉ livraison.*

INSTITUT DE FRANCE

ACADÉMIE DES SCIENCES MORALES ET POLITIQUES

# RAPPORT SUR LE CONCOURS
## POUR LE
# PRIX ODILON BARROT
## A DÉCERNER EN 1912

PAR

Jacques FLACH

PARIS

ALPHONSE PICARD ET FILS, ÉDITEURS

82, RUE BONAPARTE, 82

1912

# RAPPORT SUR LE CONCOURS

POUR LE

## PRIX ODILON BARROT

A DÉCERNER EN 1912

---

**Histoire d'une coutume générale ou d'un groupe de coutumes locales.**

« Les loix, a dit Montaigne, grossissent et s'annoblissent en roulant comme nos rivières ; suyvez les contremont jusques à leur source, ce n'est qu'un *petit sourgeon d'eau à peine recognoissable* qui s'enorgueillit ainsi et se fortifie en vieillissant. » L'Académie a pu s'inspirer de cette pensée quand elle a mis au concours, pour le prix Odilon Barrot, « l'histoire d'une coutume générale ou d'un groupe de coutumes locales », et qu'elle a demandé aux concurrents « d'en rechercher l'origine et les modifications successives et d'en retrouver, autant que possible, les sources ».

Nul sujet ne pénètre plus avant dans le tréfonds de notre vie nationale. C'est l'œuvre continue de dix siècles que représentent les coutumes de la France, l'œuvre jaillie des entrailles du peuple, dont la royauté et l'Église furent les ordonnatrices, nos grands jurisconsultes du passé, Philippe de Beaumanoir, Dumoulin et Pothier, les théoriciens de génie, notre Code enfin, le couronnement glorieux et durable. Au XVIII° siècle, Eusèbe de

Laurière plaçait « toute la connaissance du droit français » sous la dépendance de l'origine et du développement des coutumes de France. Aujourd'hui leur étude s'impose avec une force égale à l'historien de nos institutions.

Si quelque chose peut ajouter au puissant intérêt du problème d'origine, c'est l'extrême difficulté de le résoudre. Sans doute n'est-ce pas en vain qu'il a exercé la perspicacité de grands esprits tels que Montesquieu; mais les vues d'ensemble ne valent qu'à proportion de leur base documentaire, et celle-ci, il appartient à notre époque d'indépendante recherche de l'élargir, de la solidifier, de la rectifier aussi, dans un esprit de rigueur scientifique.

Déjà pouvons-nous, grâce aux progrès de la critique des textes et de l'érudition historique, assister mieux que nos devanciers à l'obscur et mystérieux travail d'incubation qui s'est accompli dans les profondeurs de la société française, avant que la coutume ait émergé, mieux discerner les éléments disparates qui ont formé son corps et son esprit, mieux déterminer le rôle propre à chacun des agents qui lui ont communiqué la vie, plus sûrement décrire enfin les phases de croissance, variables selon les régions, par lesquelles la coutume a passé jusqu'à son âge adulte, jusqu'au jour où la consécration officielle l'a érigée en loi.

*
* *

La France, depuis l'époque gauloise jusqu'à l'entrée dans la période coutumière, a subi, vous le savez, une triple unification législative : romaine, ecclésiastique et franque. C'est grâce à la fusion qui s'est opérée de la sorte que le jour où, sur tous les points du territoire, on vit des coutumes éclore, elles furent, à certains égards, les rejetons de mêmes souches. Mais leur diversité aussi fut d'autant plus grande que l'unification avait été moins complète.

Rien n'autorise vraiment à suspecter, comme on l'a fait en Allemagne, l'exactitude du passage où Aulu-Gelle nous apprend qu'à la différence de la colonie romaine, régie exclusivement par le droit romain, le municipe gaulois conservait son droit coutumier local, ses usages, ses traditions, *mores et leges*.

La loi religieuse, de son côté, ne fut pas limitée seulement par l'autorité arbitraire ou légale des conquérants barbares; l'Église a reconnu de tout temps la légitimité des coutumes locales.

Quant à l'unité législative de la période franque, elle fut bien loin d'être absolue. La coutume avait beau jeu sous l'empire de lois personnelles, qui n'étaient elles-mêmes que des coutumes fixées par écrit et complétées par des capitulaires.

C'est, il est vrai, une idée juste de Montesquieu que les privilèges ou le prestige que conférait la loi salique devaient tendre à sa généralisation. Mais son adoption ne fut plus, après la chute de l'empire carolingien, qu'une apparence, un simulacre, un mot de passe pour un droit quelconque, romain, barbare ou indigène. L'application réelle de la loi écrite cessa quand l'autorité seigneuriale prit la place de l'autorité franque, quand il n'y eut plus de justice régulière, quand le fait partout se substitua au droit, quand la connaissance et l'emploi de l'écriture se firent rares. Je ne crois pas même qu'on puisse dire, sans réserve, avec Montesquieu, que l'esprit de telle ou telle législation particulière a survécu, « qu'on suivit l'esprit de la loi sans suivre la loi elle-même », et je considère comme inexacte cette proposition singulière de l'un des mémoires envoyés au concours : « tout le monde admet que le droit parisien est resté fidèle aux idées franques ».

En réalité, aussi bien dans les régions de la France où

dominait la loi germanique que dans les provinces où la loi romaine était la loi apparente de la majorité, ce ne fut ni l'une ni l'autre de ces lois qui régna, ce fut la coutume, mise sous leur égide et sous leur nom. La survivance légale y avait souvent une faible part : les usages, les mœurs, les formes symboliques, les accords traditionnels, la pratique journalière en constituaient le fond.

La loi commune se désagrège comme la langue commune, et elle se reconstituera un jour avec elle. Au roman, né du latin vulgaire et du tudesque, correspondra le droit coutumier du nord; au languedocien et au provençal le droit écrit du midi. Et chacun de ces grands groupes de formation eut ses petites cellules concordantes. Le patois du pays (*pagus*), de la ville ou du bourg, alla de pair et de conserve avec la pratique et l'usance du bourg, de la ville, du pays. Bien des institutions très archaïques ont pu se transmettre de la sorte dans les couches populaires, alors qu'elles étaient abandonnées par les classes supérieures. Ne voyons-nous pas, même de notre temps, le peuple des campagnes et parfois des villes avoir sa législation à lui, sa manière de contracter, ses us matrimoniaux, en opposition souvent avec la loi, si bien que l'auteur de l'un des mémoires que nous avons à juger a pu s'imaginer que de tels usages rentraient dans le sujet du concours.

Aucune barrière légale ne s'opposait dans le haut moyen âge à la vie et au développement des usages locaux. Ce furent eux qui, par le respect presque superstitieux témoigné à la tradition, devinrent loi, pourvu que l'intérêt du maître, du seigneur, s'y accordât, pourvu que son intérêt pécuniaire surtout y trouvât son compte. La fiscalité devait être la première incarnation de la coutume à une époque où tout droit constituait un privilège, où l'exercice de tout acte quelconque de la vie civile ou publique était soumis à taxation. L'amende s'appela *lex*, et la redevance *consuetudo*.

Et de là découle une double conséquence. Le lien, soit

réel, soit personnel, qui unissait les hommes à leur seigneur rattacha à la cour seigneuriale, comme à un centre commun, l'ensemble des usages qui les régissaient, y transféra le siège des *consuetudines,* de la *lex patriae,* et inaugura ainsi l'étroite relation du *style* judiciaire et de la coutume. D'autre part, les conventions passées par le seigneur avec ses hommes pour régler leurs devoirs — chartes de franchises, chartes de fixation des redevances et des services — naissent, surgissent, se multiplient : premiers éléments des coutumes écrites, que les accords entre seigneurs, princes et rois consolideront et étendront. Quand ces conventions ou ces accords portent sur des centres de commerce, sur des marchés ou des foires, ils sont en même temps l'origine de constitutions urbaines. Tel fut le rôle notamment des immunités commerciales accordées aux Églises, qu'un de nos confrères, M. Imbart de La Tour, a mises en parfaite lumière, où il a vu une des premières origines du *jus mercatorum* et dont il a dit : « C'est peut-être dans les sociétés marchandes des abbayes qu'il faut chercher une des origines de la gilde, dans la constitution de leurs marchés la genèse d'une coutume nouvelle, dans le territoire même où ce marché est établi la cellule d'où sortiront quelques-unes des cités marchandes au XIIe siècle. »

La diversité règne ainsi en maîtresse et le peuple vraiment collabora à la loi puisque c'est dans son sein qu'elle s'élaborait. Tout se fit moins par la force des choses, selon l'expression de Montesquieu, que par la force et l'accord des volontés. La fantaisie et l'arbitraire seigneurial ne furent sans doute pas étrangers à la naissance de la coutume, pas plus que l'humour populaire dont on retrouve l'empreinte en la forme pittoresque ou imagée des proverbes juridiques, mais elle sortit avant tout des mœurs patriarcales, de l'expérience journalière, du genre de vie, de l'effort tenace du travailleur de se créer un état civil en harmonie avec ses sentiments et ses besoins. Si tel seigneur du XIIe siècle prétendait s'arroger le droit de faire et défaire les coutumes *juxta equum et bonum formare consuetudines et mutare*, le mot célèbre de Guy Coquille n'en était pas moins vrai déjà. C'était le peuple qui faisait la loi.

Une étape vers l'unification fut franchie par la fondation des villes neuves, l'octroi ou la conquête de chartes de commune ou de chartes de coutumes, par la formation de grandes seigneuries et l'extension du domaine royal, par la renaissance du droit romain et l'unification du droit de l'Église. Celle-ci, maîtresse du droit matrimonial, du droit testamentaire, en partie même du droit contractuel, introduisit de ce chef une certaine uniformité dans les coutumes, sans parler de la procédure qui lui fut empruntée.

Le rôle de la royauté, jusqu'au jour où elle prit en main la rédaction officielle des coutumes, fut beaucoup plus effacé. Elle se contenta d'ordinaire de les placer sous sa sauvegarde et son contrôle, de même qu'elle ne regarda le droit écrit que comme une coutume autorisée par elle. Sa fonction était essentiellement administrative ou financière, guerrière ou politique. Mais les légistes qu'elle emploie et qu'elle paie, tels que Pierre de Fontaines, le conseiller de saint Louis qui rendait avec lui la justice sous les chênes de Vincennes, ou Philippe de Beaumanoir, le prince de nos jurisconsultes, introduisent l'ordre, la méthode, une équité et une *humanité* supérieure dans le droit coutumier encore fruste, l'un à la lumière du droit romain, l'autre par la finesse toute française de son esprit, par la hauteur et l'indépendance de ses vues, par la noble beauté de son langage, par l'intuition qu'il a de notre tempérament national.

A la multiplicité des coutumes locales va succéder leur coordination, leur fusion, leur subordination à des éléments communs, coutumiers ou romains, doctrinaux ou jurisprudentiels, le rayonnement de coutumes-types, telles que Lorris, Beaumont ou Riom, le groupement communal sous des chefs de sens, comme Laon, Soissons ou Rouen, la formation enfin de deux grandes zones : la zone coutumière du Nord, la zone romaine du Midi.

Jusqu'aux XII<sup>e</sup> et XIII<sup>e</sup> siècles, la division célèbre de la France en pays de coutumes et pays de droit écrit est beaucoup plus factice que réelle. Ce qui se conservait dans le midi, c'était le souvenir glorieux d'avoir été régi par la loi de Rome, métropole du monde, et en outre l'usage des actes écrits où des tabellions perpétuaient quelques bribes de formules romaines ou quelques réminiscences de latinité. Non seulement la formation coutumière fut analogue dans les deux régions, mais elle fut plus abondante et, sous la forme écrite, plus précoce au sud qu'au nord. De grandes villes, Arles, Montpellier, Bordeaux, Toulouse, Marseille eurent leurs coutumes dès le XII<sup>e</sup> et le XIII<sup>e</sup> siècle, et il ne fut presque pas un village ou un bourg méridional qui ne se trouvât doté d'une charte ou d'un statut. Le droit romain pénétra dans la multitude des coutumes locales par la renaissance du XII<sup>e</sup> siècle, alors qu'il sembla ressusciter des morts pour reprendre possession de son empire, et ce fut leur perte. Comme l'a observé notre confrère M. Esmein, une guerre d'extermination fut menée contre les chartes municipales par les cours de justice et les hommes de loi, qui admettaient bien que chaque parlement eût son interprétation à lui de la loi romaine, mais qui ne toléraient pas les divergences locales. Ainsi se créa et s'édifia le droit écrit, sur les ruines de la coutume méridionale.

Dans le nord la coutume locale tendit, il est vrai, elle aussi, à disparaître, mais ce fut pour se confondre dans une coutume plus large, plus générale, plus puissante.

Le contraste s'accentua, à certains égards, par la rédaction officielle des coutumes, que, dès 1302, Philippe le Bel semble avoir conçue, qui apparut à Louis XI comme l'acheminement nécessaire vers l'unité législative du pays, et qui fut menée à fin au xvi° siècle.

De plus en plus s'opposa le bloc coutumier au bloc romain. Les nombreuses coutumes, petites et grandes, du nord de la France, furent réduites à une soixantaine de coutumes provinciales, dont ne relevaient plus en moyenne que cinq coutumes spéciales ou locales. Et l'une de ces grandes coutumes, qui semblait incarner en elle le génie national, devint comme le centre lumineux autour duquel toutes devaient graviter. C'était la coutume de Paris, coutume de juste milieu et de liberté pondérée, dont le jurisconsulte Brodeau pouvait dire que « *son air doux et salubre* était respiré par Messieurs du Parlement », ce qui en faisait « comme la maîtresse coutume ordinairement étendue par les arrêts aux autres coutumes de la France ».

Désormais il y avait un *corps de droit coutumier* qui faisait face au *corpus juris*, et sur lequel les commentateurs, les magistrats et les arrêtistes purent s'exercer pour conduire le droit français à l'unité ou à l'harmonie. Ce fut l'œuvre essentielle de Dumoulin au xvi° siècle, de Pothier au xviii°, et c'est cette œuvre-là qui se survit dans notre Code civil, sous l'empire duquel seule la jurisprudence peut continuer l'évolution coutumière.

*\**

En mettant au concours, pour un de ses prix les plus importants, l'histoire d'une coutume, et en laissant aux concurrents pleine liberté du choix, l'Académie ouvrait devant eux, dans toute son étendue, le champ immense que nous venons de parcourir à vol d'oiseau. Que de documents à mettre au jour! Que d'originales recherches à inaugurer ou à poursuivre! Que de sondages féconds à pratiquer dans les riches filons de notre droit national! — Que d'espoirs donc nous pouvions légitimement nourrir! — Ils n'ont pas tous été déçus. Un mémoire au moins a creusé un profond sillon. Il est allé droit à la coutume maîtresse, à la coutume de Paris, et en plus de la luxuriante moisson qu'il nous apporte, il nous permet de compter sur une plus abondante encore. Il ne comprend pas moins de vingt-trois cahiers ou volumes; treize volumes de texte, représentant avec les notes environ deux mille pages, dix cahiers de pièces justificatives formées de documents inédits. Il porte le n° 3 et a pour devise : *Non coronabitur nisi qui legitime certaverit*.

Trois autres mémoires nous sont soumis et, à première vue, on pouvait croire qu'ils correspondaient, eux aussi, à des aspects essentiels du sujet et contribueraient à l'élucider. Le mémoire n° 4 traite, en effet, des chartes du Languedoc, le mémoire n° 2 se place à la limite précise des pays de droit écrit et de coutumes, enfin le mémoire n° 1, qui porte pour devise *semper fideles*, annonce, par son titre, l'étude d'un groupe de coutumes du massif central.

C'est par lui que je commencerai. Il doit être écarté d'emblée. Il est en dehors du programme. L'auteur s'est trompé d'adresse. Il aurait dû frapper à la porte de la Section d'économie politique le jour où elle aurait mis au concours les moyens de faire progresser la natalité. Son ambition est le fruit d'une méprise. Il a entendu par coutume, non pas une législation coutumière, mais un ensemble de mœurs sociales ou pseudo-juridiques, ce qui a été dans le haut moyen âge un embryon de la coutume locale, et ce qui n'est plus aujourd'hui qu'une pratique ignorée par la loi, quand elle n'est pas condamnée par elle.

Après un chapitre sans originalité sur les communautés taisibles du Nivernais, écrit d'après Guy Coquille, Legrand d'Aussy (1788) et Dupin (1840), dont le premier seul est nommé, l'auteur se cantonne en pleine actualité, dans une région imparfaitement circonscrite, où rentrent la Corrèze, l'Aveyron, le Cantal, la Creuse, pour y rechercher les coutumes qui, selon son expression, « tendent à réagir contre la diminution des natalités ». Il s'agit en définitive de l'usage courant, paraît-il, dans les familles rurales, d'instituer un aîné, en violation du texte et de l'esprit du Code civil, usage qui, s'il était licite, présenterait des analogies avec l'*Anerbenrecht* ou le *Höferecht* de l'Allemagne et de l'Autriche.

Le mémoire n° 2 qui a pour devise : *Le droit c'est la conscience sociale*, et qui traite des coutumes de Charroux et de Bellac, n'est dénué de mérite ni comme forme ni comme fond.

Le sujet est bien choisi et il aurait pu se prêter à une œuvre d'élite. Il nous transporte dans la partie de la Marche où les deux courants, coutumier du Nord, romain du Midi semblent s'être croisés et avoir formé une encoche dans la zone coutumière, une sorte de petit lac d'où affleure la région montagneuse de la Haute-Vienne.

Analyser les éléments ainsi mélangés ou juxtaposés, étudier le résultat de leur fusion partielle, les échanges qui se sont opérés de l'un à l'autre, eût été une tâche aussi délicate qu'elle pouvait être fructueuse.

L'auteur du mémoire ne s'y est pas appliqué. Il s'en est tenu aux deux coutumes de Charroux de 1177 et 1247, dont il semble ignorer l'édition donnée par Ch. Giraud, et à la coutume de Bellac de 1240, dont il se borne à reproduire une ancienne traduction française publiée plusieurs fois déjà.

La coutume de Charroux regarde Poitiers et le droit poitevin, la coutume de Bellac Limoges et le droit écrit; toutes deux ont pu être influencées réciproquement par le Midi et par le Nord, puisque la Marche a dépendu jusqu'au xiii° siècle des ducs d'Aquitaine et a été rattachée ensuite au royaume de France.

L'intérêt de la coutume de Charroux, cette abbaye puissante dont cent églises dépendaient au xiie siècle, a été reconnu depuis longtemps. Elle permet de surprendre sur le vif la formation fragmentaire de la coutume écrite, née d'accords passés d'une part entre deux seigneurs voisins et rivaux, le comte et l'abbé — celui-ci protégé par des immunités royales et pontificales — et d'autre part entre seigneurs et sujets, les seigneurs parlant et agissant certainement en maîtres, mais donnant du moins pour l'avenir des garanties contre leur arbitraire, même voilé. N'est-ce pas là que se trouve cette expressive formule de liberté matrimoniale : « Femme de Charroux ne doit être mariée que de la volonté et du conseil de ses amis ; ni le comte ni l'abbé ne doivent l'en prier, *car leur prière est force* » (art. 11).

Mais, même limité à ces textes, le sujet n'a pas été traité comme il l'eût fallu. Il ne suffisait pas d'analyser les dispositions des deux coutumes, il fallait les placer dans leur vrai milieu, étudier par exemple pour Charroux le grand et le petit cartulaire de l'abbaye, dont nous avons des copies ou de nombreux extraits, étudier pour Bellac, qui relevait du Parlement de Paris, à la fois les arrêts des cours de justice et les chartes limousines.

Sur les textes eux-mêmes l'auteur ne s'est livré à nulle critique et nulle enquête. Son introduction historique, qui tient en quelques pages, et son commentaire, qui n'en occupe que vingt-cinq, et où il a presque exclusivement la coutume de Charroux en vue, ne sauraient, à aucuns égards, être regardés comme une histoire des deux coutumes.

Encore donc que ce mémoire soit composé avec art et basé sur une connaissance honorable de l'histoire, il n'est qu'une œuvre de courte haleine ne pouvant, aux yeux de la Section, même de très loin, approcher du prix.

Le mémoire n° 4 a pour titre : *A travers les Chartes*

*du Languedoc*, et pour devise : *Tria in patria*, allusion à la ville de Trie-sur-Baïse, dans les Hautes-Pyrénées. On aurait pu, on aurait dû s'attendre au voyage d'exploration d'un érudit, à la recherche des documents originaux qui lui permissent de décrire, en des lieux précis et à des époques distinctes, la formation des coutumes et leurs rapports avec la vie publique et privée de la société languedocienne. Découvrir les textes originaux, en remontant pour les plus récents à leur ascendance et en suivant celle-ci dans ses ramifications et sa filiation, telle eût été la première tâche, à laquelle devait succéder l'effort de pénétrer l'esprit des textes coutumiers, de mesurer leur portée, de définir leur place et leur action dans la marche graduelle du pays vers l'unité législative. Au lieu de cela, c'est un dilettante qui se promène, qui vagabonde, dans tous les sens, franchissant sans cesse les confins du Languedoc pour la Gascogne ou le Béarn, prenant même son centre de rayonnement en dehors du Languedoc, dans l'Armagnac ou l'Astarac, dans les chartes de Tournay ou de Trie. Et cette promenade désordonnée s'arrête aux textes imprimés et connus ; elle n'a pour guide et pour boussole ni les travaux de l'érudition contemporaine, ni la méthode historique qui préside à ces travaux. Sur les 540 pages in-folio du mémoire, plus de la moitié est remplie de textes emmêlés, reproduits tant bien que mal, de deuxième ou troisième main, accompagnés de traductions ou d'analyses qui témoignent certes d'un zèle louable, mais surtout aussi d'une connaissance très imparfaite du moyen âge.

Le plan que l'auteur nous dit s'être tracé était de présenter, dans une première partie, un tableau sommaire de l'organisation provinciale et communale du Languedoc, au point de vue administratif et judiciaire, — ce qui n'est pas le sujet du concours — et d'étudier, dans une seconde partie, la législation financière, pénale et civile des chartes.

En réalité, la première partie est formée de vingt chapitres qui, sauf les deux premiers, auraient pu être rejetés tous en appendice, puisqu'ils ne sont que des textes précédés de notices très sommaires. Les deux chapitres qui restent prétendent nous offrir une histoire sommaire du Languedoc, et décrire son organisation médiévale. — Il eût été relativement facile de puiser dans d'excellents travaux modernes, ceux notamment des nouveaux éditeurs de dom Vaissette, ou dans des collections récentes, telles que l'édition des « Actes administratifs d'Alphonse de Poitiers », les éléments d'une notice introductive. L'auteur paraît les ignorer et il se perd dans des généralités sans intérêt ni exactitude. J'en citerai un exemple. Il disserte sur l'origine du pouvoir judiciaire des consuls, où il voit « un retour, sous le régime féodal, au système mérovingien des rachimbourgs », et il méconnaît totalement la valeur, au point de vue coutumier, de la curieuse charte de 1176, dans laquelle les consuls de Toulouse, assistés de prud'hommes, donnent gain de cause à un citoyen de la ville contre sa femme Babylonie, qui s'était enfuie du domicile conjugal avec un mauvais garçon (garcifero) brabançon ou allemand, adjugent tout l'avoir au mari, ordonnent que le contrat de mariage sera brûlé et décident qu'à l'avenir toutes les mauvaises femmes qui imiteront l'exemple de Babylonie seront traitées comme elle.

Des dix-sept chartes que l'auteur reproduit, avec de nombreuses méprises de date ou de provenance, sept sont empruntées à la collection des Ordonnances du Louvre, sept autres aux mémoires de la société archéologique du Midi, et trois à des recueils divers. Si l'on est surpris de trouver en tête les fors de Bigorre et ceux de Morlas, on ne l'est pas moins de ne voir distinguer avec soin ni les chartes de villes neuves des chartes de coutumes, ni les chartes royales des chartes seigneuriales. Bien plus on nous donne parmi les chartes communales une charte d'affranchissement de deux habitants. Tout fil conducteur, toute idée vraiment directrice semblent manquer à l'auteur.

L'idée directrice s'imposait pourtant avec une évidence plénière. Il fallait grouper les chartes filiales autour des chartes mères, qui se présentent à nous dans le Midi comme dans le Nord sous forme de chartes-types. Je citerai comme exemples la charte de Riom et celle de Castel-Sagrat, concédées toutes deux en 1270 par Alphonse de Poitiers, et je relèverai ce trait significatif que les chartes de Tournay et de Trie, sur lesquelles l'auteur s'arrête avec tant de complaisance, procèdent en partie, sans qu'il s'en soit douté, de la charte de Riom.

La deuxième partie du mémoire ne rachète pas les défauts de la première, et il ne pouvait en être autrement puisque la base documentaire était vicieuse. Elle comprend six chapitres dont le premier est un parallèle imprécis entre le droit écrit du Midi et le droit coutumier du Nord, où l'auteur a eu le tort, par exemple, de passer sous silence l'important arrêt par lequel, en 1270, le Parlement d'Alphonse de Poitiers a affirmé, dans le comté de Toulouse, la primauté du droit romain sur la coutume non notoire.

La partie la plus développée de tout le mémoire est le chapitre consacré au droit pénal dans les chartes du Languedoc. Plus de la moitié traite du droit criminel des Romains et des Francs et le surplus fait un incessant appel à Beaumanoir et aux coutumes du Nord.

Le dernier chapitre, intitulé la législation civile des chartes, n'est qu'une étude des chartes de Tournay et de Trie. L'inexpérience juridique de l'auteur s'y fait jour, quand il ne reconnaît pas l'*augment de dot* du Midi dans l'article de ces chartes consacré aux conventions matrimoniales.

La Section estime que, dans l'ensemble comme dans le détail, ce mémoire est trop imparfait pour pouvoir, à aucun titre, prétendre au prix Odilon Barrot.

\*
\*  \*

J'arrive au dernier mémoire dont il me reste à entretenir l'Académie, le mémoire sur la coutume de Paris. C'est une œuvre de longue haleine et de haute valeur, qui laisse bien loin derrière elle les mémoires concurrents. Elle mérite de grands éloges pour la somme prodigieuse de travail que l'auteur a dépensée, pour l'ardeur et la pénétration avec lesquelles il a non seulement défriché mais fouillé le sol juridique, pour les découvertes heureuses qu'il a su faire de documents précieux, pour le soin qu'il a apporté aux collations de manuscrits. La mise en œuvre des matériaux est parfaitement ordonnée, le style clair, limpide, bien qu'un peu terne dans l'ensemble, enfin l'œuvre est de celles qui marquent, de celles qu'une Académie peut se féliciter d'avoir fait naître et de pouvoir couronner. S'il y a des réserves à faire sur des points de doctrine ou sur des théories historiques, elles n'ébranlent pas la solidité du fond. Esprit très pondéré, l'auteur se garde des hypothèses aventureuses. Il construit sur l'assise des documents. Son œuvre serait hors ligne si la puissance de conception et le sens de l'histoire égalaient en lui la science du droit. L'auteur est beaucoup plus jurisconsulte qu'historien. Il fallait être l'un et l'autre, à degré au moins égal, pour écrire une histoire de la coutume de Paris.

Le défaut se sent déjà dans la langue du mémoire, il se décèle dans la manière dont furent conduites les recherches, il se manifeste dans tout son jour par la conception que l'auteur s'est faite du sujet et dans le plan, dès lors, qu'il a suivi.

Les *sources* de la coutume ne sont, à ses yeux, que les documents de droit pur qui la constatent. Il les oppose, non sans une nuance de dédain, semble-t-il, aux documents qu'il appelle *concrets :* chartes, arrêts, dénombrement, etc., à des documents historiques, en somme. Et cette expression revient sans relâche sous sa plume. Il ira jusqu'à appeler un testament *concret,* il parlera d'une hypothèse *concrète.* La langue gauchira aussi en des expressions malheureuses, comme de parler de *facteurs moraux.*

Dans la recherche des sources — ou d'un point de vue général sa diligence est digne de tout éloge — il n'a pas songé à faire sa place légitime à l'histoire. Ni l'histoire politique ou économique, ni l'histoire des mœurs, ni l'histoire littéraire ou artistique n'ont été interrogées comme elles devaient l'être.

Même dans le domaine juridique, les chartes si nombreuses de nos cartulaires, et les recueils de décisions judiciaires n'ont pas été utilisés suffisamment. On ne saurait s'étonner alors que l'auteur ait invoqué la pénurie de documents, ce qu'il appelle l'absence de « témoins de l'élaboration » (II, p. 87), pour laisser en dehors de son travail toute la période antérieure au XIII⁰ siècle et qu'à vrai dire le XIV⁰ siècle, où il avait à sa disposition le *style de Du Breuil,* le *grand coutumier,* le *style du Châtelet,* les *coutumes notoires,* puis le XVI⁰ siècle, où la coutume fut rédigée, forment le véritable corps de son ouvrage.

Dans la période même qu'il a traitée, il n'a pas su marcher avec assez de résolution sur les traces d'un historien tel que M. Fagniez, suivre à la fois son exemple et son conseil. Il se serait convaincu sans cela, comme notre confrère l'a si bien dit, que « c'est dans les arrêts et les décisions des juridictions qu'il faut chercher le droit réel et vivant plus encore que dans les ouvrages des jurisconsultes », que « la collection des arrêts du Parlement de Paris présente un intérêt hors ligne » et que les registres du Châtelet sont « *une des sources capitales de la jurisprudence parisienne d'où est sortie, à son tour, la coutume de Paris* ».

L'auteur du mémoire a bien glané après M. Fagniez dans les *Livres de couleur* du Châtelet, mais il a reculé devant le dépouillement difficile et pénible, je le reconnais, des registres. Sur treize registres, deux seulement ont été explorés par lui, de même qu'il n'a fait qu'un examen superficiel des registres de justices seigneuriales qui nous ont été conservés.

Je ne prendrais pas non plus aussi facilement mon parti d'une autre omission dont l'auteur s'excuse. Personne, évidemment, ne pouvait lui demander un dépouillement méthodique de l'immense collection des registres du Parlement déposés aux Archives nationales, mais il aurait pu, non seulement à l'aide des grandes tables de Lenain dont il fait beaucoup trop bon marché, mais à l'aide des tables partielles et des nombreux extraits d'arrêts de la Bibliothèque nationale, combler en partie l'intervalle qui sépare les *Olim* du Grand Coutumier et celui-ci de la coutume rédigée.

Pour les comparaisons demandées par l'Académie avec les coutumes voisines, l'information était plus aisée et se trouve pleinement satisfaisante. Beaumanoir et Boutillier d'une part, de l'autre les Établissements de Saint-Louis, les coutumiers d'Anjou et du Maine, ceux de Normandie et de Champagne étaient des témoins suffisants. Et loin de reprocher à l'auteur — car il semble le craindre — de ne pas avoir lu et analysé tous les commentateurs des coutumes imprimées, nous lui ferions plutôt grief d'avoir trop employé à discuter les théories des jurisconsultes le temps qu'il aurait pu mettre au service des recherches plus spécialement historiques.

Le plan de l'auteur nous fera pénétrer plus directement dans sa pensée comme dans son œuvre.

Après une bibliographie sommaire, l'introduction, en deux volumes, décrit le domaine géographique de la coutume de Paris, puis analyse ses sources, à dater du

XIIIᵉ siècle, sources dont nous retrouvons une partie dans des pièces justificatives.

Vient ensuite, en quatre livres qui remplissent onze volumes ou cahiers, une étude historique du droit coutumier parisien avant et même après les deux rédactions du XVIᵉ siècle : *Condition des personnes, condition des biens, droit des gens mariés, succession et donation.* Deux autres livres étaient prévus et n'ont pu être écrits, faute de temps, l'un sur *les droits réels et le retrait lignager*, l'autre sur *les obligations et la procédure.*

Les pièces justificatives sont abondantes, les voici à peu près dans leur ordre chronologique :

1) Un complément (d'après le ms. fr. 5900 de la Bibl. nat.) aux Sentences du Parloir aux Bourgeois, publiées par Leroux de Lincy.

2) Une collation (en 3 volumes) de quatre mss. du Grand Coutumier, deux mss. de la Bibl. nat., fr. 10816 et n. acq. fr. 3555, le ms. Harley 4426 du British Museum et le ms. du Vatican 4790, — collation de laquelle il ressort que ce dernier ms., contrairement à ce qu'on avait admis, contient l'œuvre personnelle de Jacques d'Ableiges.

3) Une collation d'un ms. du style remanié du Châtelet (ms. 18419, Bibl. nat.) avec le texte du Gr. Coutumier.

4) Un complément (d'après ms. fr. 18110) aux coutumes notoires de Brodeau et aux décisions de Desmares.

5) Quelques extraits des registres 1 et 2 du Châtelet et du livre de *couleur* intitulé Doulx Sire.

6) Un complément, d'après quatre mss. de la Bibl. nat., aux *notables* publiés par Bordier.

7) Un prétendu projet de rédaction de la coutume de Paris, qui aurait été dressé en 1507 (d'après ms. fr. 11710).

8) Travaux préparatoires de la rédaction de 1580 (d'après mss. fr. 5281-5282).

9) Observations de l'avocat Simon Marion sur la coutume de Paris (ms. fr. 5254).

J'ai indiqué les lacunes générales que cette documentation présente, j'ajouterai seulement que l'auteur aurait dû pousser ses recherches plus loin, en vue notamment de dégager ce qu'il y a de véritablement parisien dans le Grand Coutumier, et quels sont ses rapports exacts avec le style du Châtelet. — En cherchant bien, il aurait pu retrouver, comme je l'ai retrouvé moi-même, un coutumier manuscrit, antérieur à la rédaction du XVIe siècle, que nos vieux auteurs avaient signalé, qui existe encore dans un de nos dépôts publics, et dont peut-être ferai-je un jour l'objet d'une communication à l'Académie.

Il aurait pu aussi s'enquérir plus qu'il ne l'a fait du sort et du vrai caractère de ce document qu'il serait si curieux de remettre au jour, ce *Speculum historiale in consuetudines Parisienses* qu'un personnage considérable du XIVe siècle, Gérard de Montaigu, avocat du roi, avait acheté 40 livres parisis et dont une pièce d'archives, à ma connaissance, permet tout au moins de suivre la trace.

Les recherches complémentaires dont je parle auraient permis d'éclairer d'un jour tout nouveau la première rédaction de la coutume de 1510, et de fixer la véritable nature du document que l'auteur a tiré du ms. 11710 de la Bibl. nat. et dans lequel il croit voir à tort un projet rédigé en 1507.

Il ressort de tout ce que je viens de dire que c'est surtout un exposé, à diverses époques successives, du droit coutumier parisien et non pas une histoire proprement dite de la coutume de Paris que le mémoire n° 3 nous donne. L'exposé est de premier ordre, mais la partie vraiment historique, au point de vue de la formation de la coutume, reste confinée dans les deux volumes d'introduction, et encore ne remonte-t-elle pas plus haut que le XIIIe siècle.

Par cela même, les vues historiques de l'auteur telles

qu'il les expose notamment dans son introduction géographique, sont ou trop imprécises ou trop étroites, parfois même inexactes.

Au lieu de suivre à la trace, depuis leurs origines les plus lointaines, les destinées inséparables de la cité et de la coutume, l'extension progressive de l'une et de l'autre, soit sur les deux rives de la Seine, soit sur le territoire qui s'appellera vicomté de Paris et qui a fourni sa contribution coutumière à l'œuvre commune, l'auteur fait état du fait qu'il n'a pas trouvé, avant l'année 1196, de mention des *usus et consuetudines Parisienses.* Il n'a cure ni souci des coutumes locales ou seigneuriales, antécédentes ou postérieures, et de là jusqu'au XIV° ou XV° siècle, il s'imagine que la coutume de Paris se confond avec les *consuetudines Franciae,* dont elle ne se serait qu'alors détachée : « Je devrai donc, dit-il, jusqu'à cette époque, rechercher les sources des *consuetudines Franciae* qui se confondent encore avec celles du droit parisien. A partir du XV° siècle et surtout du XVI° siècle, je m'attacherai uniquement aux sources du droit parisien, c'est-à-dire en somme aux deux coutumes rédigées. »

L'auteur s'engage par suite dans un dédale, où il a peine à se reconnaître. Il essaie de délimiter les diverses *Francies,* la *grande France,* la *petite France,* l'*Isle de France,* etc., il fait de vains efforts pour nous donner une idée nette de la prévôté ou vicomté de Paris. Suivant lui, il n'y aurait plus trace de vicomte après 1027, le vicomte n'aurait jamais eu de juridiction quelconque, et, après sa disparition, ce qu'on a appelé vicomté n'aurait été qu'une « circonscription féodale ». Apparaîtraient ensuite, on ne sait comment, un prévôt en 1061, qui aurait été « un juge souverain dans son ressort », sans appel même à la Cour du roi, puis un bailli qui, après 1260, à une époque et d'une manière indéterminées, se serait confondu avec le prévôt de Paris, pour faire de celui-ci le juge direct de ce qui dans Paris relevait du domaine royal, le juge d'appel des prévôtés locales du dehors.

La filiation historique se présente autrement.

Hugues Capet, devenu roi, fut représenté à Paris par le comte Bouchard, qui avait le titre de comte royal, mais qui était en somme un châtelain, *castellanus*, et qui avait sous ses ordres un prévôt. Bouchard, mort sans héritiers, son comté fit retour à la couronne et l'on trouve alors des vicomtes à Paris, non seulement sous le roi Robert mais sous Henri I$^{er}$. C'étaient des châtelains, plus dépendants que ne l'avait été Bouchard, qui avaient le *vicecomitatus*, la justice appelée aussi *vicaria*. Après Henri I$^{er}$ on les qualifie *prévôts* de Paris, ils continuent à avoir le *vicecomitatus* et résident au *Castellatum*, au château qui deviendra le Châtelet.

Leurs pouvoirs militaires, administratifs et judiciaires eurent une importance exceptionnelle, à raison de ce qu'ils furent confiés souvent à de grands personnages et de ce que Paris, sous Philippe Auguste, devint la capitale du royaume. A cette époque précisément, quand des baillis furent institués, d'abord à côté, puis au-dessus des prévôts, le prévôt de Paris garda son titre de *prévôt-vicomte*, tout en jouissant de toutes les attributions des baillis. Il fut regardé comme le premier bailli de France, ayant sous ses ordres les prévôts locaux de la région circonvoisine. Ceux-ci formèrent une juridiction inférieure dépendant de lui, dont il connaissait en dernière instance. C'était à proprement parler maintenant la vicomté, tandis que Paris et sa banlieue constituaient la *prévôté*, où le prévôt était juge direct du domaine royal.

Tout est loin d'être dit par là et, dans une histoire bien conduite de la coutume de Paris, il serait essentiel d'étudier les rapports du prévôt-vicomte, d'une part avec la juridiction parisienne de la *Prévôté de l'eau* ou *Parloir des Bourgeois*, — cette juridiction que le conseil de ville, dans une séance de l'an 1555, affirmait avoir existé de toute ancienneté « concurremment avec celle du prévôt de Paris », — d'autre part avec les justices seigneuriales dont, en règle, le prévôt était juge d'appel, enfin avec la cour du Parlement. C'est là le véritable champ d'observation où l'on peut assister à l'origine et aux progrès de la coutume de Paris, saisir sur le vif les éléments multiples et divers qui sont entrés dans sa formation et qui ont donné naissance à son esprit.

On y verrait se côtoyer, se réunir ou se mêler la classe rurale des serfs affranchis, les hôtes qui défrichent ou assainissent la plaine et plantent de vignes les coteaux, les marchands qui, vers le XII$^e$ siècle, établissent le long de la grève, entre les églises de Saint-Merri et de Saint-Gervais, le marché qui fera leur fortune et dotera Paris de sa municipalité, les gens de métiers qui, dès le haut moyen âge, répandent au loin le renom de la cité. A l'éclat qui rayonne de la cour du roi et des seigneuries parisiennes, nombreuses et puissantes, viennent s'ajouter le lustre d'une université florissante et le faste des bourgeois enrichis; *bourgeois* que les privilèges royaux qualifieront de nobles, leur octroyant le droit de posséder fief, de devenir chevalier, de porter vêtements de nobles, de se servir de freins d'or pour leurs chevaux. Bourgeoisie et noblesse marchent ainsi de pair ; le droit roturier s'annoblit.

L'esprit de la coutume qui naîtra de ce milieu, ce sera l'esprit même de la cité, à la fois égalitaire et avide de distinctions et de privilèges, esprit de négoce et de combativité, esprit de foi religieuse et de libre critique, esprit familial ou corporatif et d'indépendance personnelle.

Dans les deux volumes très remarquables où l'auteur a étudié la censive, puis les cens et rentes, il aurait pu nous faire assister à la croissance de Paris comme à ses crises économiques et même à ses mouvements révolutionnaires, qui furent toujours en étroit rapport avec le régime de l'habitat.

Paris s'est formé et agrandi par une série de colonisations juxtaposées, de chacune desquelles une abbaye, un prieuré, un chapitre furent le noyau ou le germe, comme ils en sont restés l'égide protectrice, et dont la censive fut l'instrument essentiel. C'est ainsi qu'il aurait fallu étudier en détail ce groupe important de chartes où nous voyons, au XII$^e$ siècle, le chapitre de Sainte-Opportune entreprendre et mener à bonne fin l'assèchement et la mise en culture des prairies marécageuses qui s'étendaient depuis les abords de la Grève jusqu'à Montmartre ou Chaillot et qui furent concédées aux exploitants, moyennant le cens modique de 12 deniers par arpent. Exemple que suivit dans le même siècle l'évêque de Paris et qui lui procura l'immense domaine appelé la Couture ou *Culture l'Évêque*.

Ces colonies, petites ou grandes, se sont rejointes, agglutinées et c'est d'elles que dérivent les justices seigneuriales, si nombreuses encore à Paris au XVII$^e$ siècle, entre lesquelles les rues, les maisons même se distribuaient et qui ne disparurent (à l'exception même de l'enclos du Temple) que par l'édit de 1674.

C'est au-dessus de ce morcellement que trois puissances concurrentes s'élevèrent : celle du roi avec son châteaufort du Louvre, bâti par Philippe-Auguste, avec son domaine intercalé entre les seigneuries et son autorité sur les voies publiques ou sur les places qui les reliaient les unes aux autres ; celle de l'évêque qui avait accrédité la légende que le tiers de Paris lui appartenait du chef d'un de ses devanciers, fils d'un roi de France, dont la haute justice s'étendit sur 50.000 feux, et qui percevait les redevances à la place du roi une semaine sur trois ; enfin l'autorité de la marchandise de l'eau, armée depuis le XII$^e$ siècle de privilèges royaux et tirant sa puissance de son organisation corporative, de son activité et de sa richesse. La justice du roi s'exerçait par le Parlement et le Prévôt de Paris, siégeant au Châtelet; la justice de l'évêque par le prévôt et le bailli épiscopal; enfin la justice de la marchandise de l'eau, devenue municipalité parisienne, par le Prévôt des marchands ou le Parloir aux bourgeois. Et c'est dans le fonctionnement de ces juridictions rivales, dans leur jurisprudence, dans leurs sentences, dans leurs styles, en même temps que dans l'ensemble de la vie politique, économique et civile de la cité parisienne et de ses dépendances qu'il fallait chercher avant tout l'histoire de la coutume de Paris.

Malgré les réserves que je viens de présenter, et après une étude minutieuse du corps même de l'ouvrage, où l'auteur décrit le droit coutumier de Paris avec une abondance, une sagacité et une conscience à laquelle il est juste de rendre hommage, le mémoire n° 3 a paru à la Section de législation pleinement digne du prix. Il peut être considéré comme un premier pas d'importance dans cette voie où il est si désirable que les historiens du droit s'engagent, l'inventaire d'abord, puis la publication méthodique de toutes les coutumes dont notre ancienne France était si riche, qui forment pour nous un véritable trésor historique et dont on pourra alors seulement, suivant le mot d'Eusèbe de Laurière, « connaître tout l'esprit et toute la beauté ».

La Section a l'honneur, en conséquence, de proposer à l'Académie d'attribuer le prix Odilon Barrot au mémoire n° 3, qui porte pour devise : *Non coronabitur nisi qui legitime certaverit.*

L'Académie a adopté cette proposition.

L'auteur du mémoire couronné est M. Olivier Martin, professeur agrégé à la Faculté de droit de Rennes.

TYPOGRAPHIE FIRMIN-DIDOT ET Cie. — PARIS.

www.ingramcontent.com/pod-product-compliance
Lightning Source LLC
Chambersburg PA
CBHW060557050426
42451CB00011B/1963